Die Maske fällt,
es bleibt der Mensch,
der Held entschwindet...

Serge Gainsbourg

Die Kunst des Furzens

Aus dem Französischen
von Hartmut Zahn

Titel der Originalausgabe:
Evguénie Sokolov

Erste Auflage
© 1985 by Popa Verlag,
Agnesstr. 14, 8000 München 40
© 1980 by Editions Gallimard, Paris

Gestaltet von Zembsch' Werkstatt
Lithographie IN Editrice, Milano
Satz Glücker, Würzburg
Druck und Bindung Friedrich Pustet, Regensburg
Printed in Germany
ISBN 3-9800542-8-4

Während ich in einem Krankenhausbett liege und über mir, von meinen Exkrementen angelockt, Schmeißfliegen kreisen, kommen mir Bilder aus meinem Leben in den Sinn – scharf die einen, verschwommen die anderen (*out of focus* nennen das die Fotografen), manche überbelichtet, andere dagegen zu dunkel. Aneinandergereiht würden sie einen ebenso grotesken wie ekelerregenden Film ergeben, dessen Einzigartigkeit darin bestünde, daß die neben der Perforierung des Zelluloidstreifens verlaufende Tonspur lediglich die Entladung von im menschlichen Gedärm erzeugten Gasen hörbar machen würde.

Wenn ich mein lückenhaftes Gedächtnis befrage, so muß ich leider feststellen, daß mir schon seit zartester Kindheit die angeborene Gabe, was sage ich, das unheilbare Gebrechen anhaftet, ohne Unterlaß furzen zu müssen. Doch dank meines gleichermaßen schamhaften wie verschmitzten Naturells gelang es mir stets, einen günstigen Moment abzupassen, um ohne Zeugen und frei von Scham jene seufzenden Magenwinde loszuwerden, so daß kein Mensch in meiner Umgebung jemals dieser grausamen Anomalie gewahr wurde. Bei den verstohlenen Entleerungen meines Mastdarms in der freien Luft von Toiletten und Parkanlagen entwichen mir vermutlich nicht nur flüchtige Substanzen wie Wasserstoff und Kohlensäure, sondern auch Stickstoff und Methan, doch damals vermochte ich solche giftigen Ausdünstungen noch nach Belieben durch simples Zusammenziehen meines analen Schließmuskels zu unterbinden.

Bettlägerig und in angstvoller Erwartung des dritten Versuches einer Elektrokoagulation sehe ich nun zu, wie meine Bettdecke von den ungestümen, übelriechenden Gasen aufgebläht wird, deren Beherrschung mir schon seit ach so langer Zeit entglitten ist. Wirkungslose Desodorantien versprühend mache ich mich daran, mein armseliges, Abscheu erregendes Schicksal nachzuzeichnen.

Das allererste Säuglingsgezwitscher, das ich auf analem Wege entschlüpfen ließ, beunruhigte meine Amme in keinster Weise. Dieser menschlichen Milchkuh mit ihren Mordsbrüsten vernebelte ich, wenn sie meinen Hintern einpuderte, systematisch mit ganzen Schwaden von Talkumpuder den Blick, und mein Gefurze übertönte ich, indem ich pausenlos und blöde grinsend meine Quiekmaus voll Luft pumpte.

In der Folge löste bei uns eine Amme die andere ab. Es war eine Art Defilee wie bei einer Modenschau. Eine brachte mir en passant das kyrillische Alphabet bei, eine andere lehrte mich verschiedene Strickmuster, wieder eine andere das Spielen auf dem Blasebalgharmonium, wobei jedoch keine von ihnen den von meinem Blasebalg ausgestoßenen übelriechenden Gasen länger als drei Monate standhielt.

In den Stehlatrinen meiner Schule – die alle nur einfache Schwingtüren hatten, mit Ausnahme einer einzigen, zu der jedoch nur der Lehrer einen Schlüssel besaß, man könnte glauben, daß das, was er an diesem Ort deponierte, von höherem Wert sei, – in diesen Stehlatrinen also schnürte mir die Angst davor, meinen Blähungen freien Lauf zu lassen, Kehle und After zu, weil dabei stets ein Getöse entstand, das bis in den Schulhof hinaus vernehmbar war – und das, obwohl die anderen Schüler neben mir ungeniert mit Zeitungspapier raschelten und keinerlei Hemmungen beim Verrichten ihrer heimlichen Geschäfte zeigten.

Sämtliche Spiele meidend, die jene Hockstellung erforderten, welche sich dem Ausstoß von Magenwinden so förderlich erweist, nämlich Spiele wie das gezielte Werfen von Münzen, Murmeln oder kleinen Kreiseln, aber auch das Versteckspiel, bei dem mich meine Furze unweigerlich verraten hätten, oder das Kästchenhüpfen, bei dem sich meine Knickerbocker bei jedem Sprung aufblähten, sonderte ich mich von den anderen ab und spielte mutterseelenallein ›Transsibirien-Expreß‹. Wie ein Irrer bewegte ich mich mit trippelnden Schritten vorwärts und lenkte, dann und wann Töff-Töff-Laute ausstoßend und ölige Schwaden hinter mir herziehend, im Geiste meine Lokomotive über schwankende Brücken und durch endlose Tunnels. Solche Extratouren behielten für mich nur solange ihren Reiz, wie sie meine Unterhosen nicht mit senffarbenen

Flecken besprenkelten, was manchmal geschah.

Sehr bald stellte ich an mir eine Neigung zur Malkunst fest, doch wurde der Spontaneität meiner Entwürfe und der naiven Frische meiner Aquarelle von den Pädagogen beizeiten ein Dämpfer verpaßt, die mit meinen kubischen Ballons, schwarz-weißkarierten Kaninchen, blauen Schweinen und anderen Ausgeburten meiner Phantasie nichts anzufangen wußten. Da ich mich ihnen fügen mußte, nahm ich im Schwimmbecken Rache, indem ich ganz in ihrer Nähe bunt schillernde Luftblasen absonderte, die blubbernd an die Oberfläche stiegen, in der frischen Luft zerplatzten und wie aus Protest ihre Gase verströmten.

Im Schlafsaal sah ich mich vor ein Problem gestellt. Wie konnte ich hier meinen Winden freien Lauf lassen, ohne die anderen aufzuwecken? Bereits in der ersten Nacht verfiel ich instinktiv auf die rettende Lösung, nachdem ich zwei oder drei Furzsalven mit simulierten Hustenanfällen übertönt hatte: Ein behutsam in den Schließmuskel eingeführter Finger gewährleistete, daß die Gase verpufften, ohne das geringste Aufsehen zu erregen, und während tagsüber mein Auge mit nur mäßigem Interesse den Zeilen des Catull folgte – Quid dicam gelli quare rosea ista labella –, ließ ich es mir nicht nehmen, ein paar gedämpfte Furze fahren zu lassen, wobei ich meine Nachbarn scheinbar unbeteiligt anblickte, und gerade diese Gelassenheit bewirkte, daß ich niemals der dabei entstehenden Düfte verdächtigt wurde. Und wenn ich an die Tafel gerufen wurde, geschah es manchmal, daß der Lehrer an meiner Statt die ganze Klasse bestrafte, nachdem er vergeblich zu ermitteln versucht hatte, welcher seiner Lausebengel wohl die Stinkbombe geworfen hatte.

Meine Ferien verbrachte ich, von eitler Hoffnung erfüllt, in der einsamen Abgeschiedenheit nördlicher Strände, wo ich angesichts des in ungreifbare Ferne gerückten Horizontes, in der abendlichen Brise zitternd, einem Meteorologen gleich, manchen Wetterballon aus meinem Anus entließ. Der Wind trug meine Fumarolen mit sich fort, wobei er diese diabolischen Irrlichter auf magische und faszinierende Weise im Kreis herumwirbelte, bevor er sie endgültig zerstreute.

Man warf mich wegen Disziplinlosigkeit von der Schule, und von meinen eigenen Winden angetrieben, trat ich in die Akademie der Schönen Künste ein, wo ich mich, wenngleich in höherer Mathematik nur mäßig begabt, ohne rechte Überzeugung für das Studium der Architektur entschied.

Dort galt es, an sich zu halten, denn an den Lehrveranstaltungen nahmen Studenten beiderlei Geschlechts teil. So lernte ich, mich zu beherrschen, nicht jedoch, mich vollends zu heilen. Das Atelier befand sich im sechsten Stockwerk eines Seitentrakts der Akademie, und auf der Treppe erlegte ich mir auf, bei jeder Stufe einen Furz zu lassen, womit ich eine Zeitlang über die Runden kam. So sah man mich denn, ständig von meinen Gasen begleitet, zwischen Trigonometrie- und Malstunde hin- und herpendeln.

Anfangs widmete ich mich der Kohlezeichnung, und schon im ersten Morgenrot stellte ich den Dreifuß meiner Staffelei neben dem Perseus von Cellini auf, so sehr faszinierte mich das abgeschlagene Haupt der Medusa.

In diesen Galerien, die oft verlassen dalagen, und wo zwischen Gips- und Bronzestatuen das Echo meiner Entladungen widerhallte, Entladungen, die unter dem Glasdach zu einem wahren Getöse anwuchsen, empfand ich fast so etwas wie Glück. Alsbald mußte ich zur Arbeit am lebenden Modell übergehen, und ich entdeckte mit kühlem Blick, dem jegliche animalische Lüsternheit noch fremd war, die Nacktheit des weiblichen Körpers. Der Anblick dieser Massen schlaffen Fleisches, dieser aufgeblähten oder knochendürren Körper, dieser mattblonden, rötlichen oder rabenschwarzen Schamhügel, aus denen manchmal im spitzen Winkel des gleichschenkligen Dreiecks das Bändchen eines Tampons heraushing, erweckte in mir einen unbändigen Frauenhaß, doch zugleich idealisierte meine Hand all dies mittels bissiger, zorniger Skizzen, die ich, daheim angekommen, gewissermaßen mit dünnen Samenspritzern signierte. Diese an meiner Kraft zehrenden Autogramme trieben mich instinktiv einer kleinen Vorstadtprostituierten in die Arme – Rose, Agathe, Angélique, was zählte es, ob sie nun den Namen einer Pflanze, eines Steins oder einer Blume hatte –, die meine Rute in den Mund nahm, während ich im gleichen Moment einen deftigen Furz krachen ließ, den die Unglückselige verkraftete, indem sie den Kopf unter die Bettdecke steckte, als wolle sie für ihre Atemwege heilsame Dämpfe inhalieren, mit der Folge, daß sie wie von Chloroform betäubt langsam auf den Linoleumboden glitt.

Ziemlich rasch erwarb ich mir ein großes malerisches Können, das allerdings nicht an meine Fertigkeiten im Furzen heranreichte, doch widmete ich mich meinen Studien mit einer solchen Leidenschaft, daß ich Zähne und Pobacken zusammenpreßte, bis mir heiße Schauer den Nacken hinunterliefen, bevor ich mich endlich entschloß, das Atelier fluchtartig zu verlassen, um draußen in den zugigen Fluren meinen unseligen Gasen donnernd und in regelrechten Garben freien Lauf zu lassen.

Meine Lehrer strafte ich insgeheim mit Verachtung, trotz des Rufes, den sie sich durch ihre persönlichen Arbeiten erworben hatten; weder schätzte ich den Neoklassizismus der einen noch den rückschrittlichen Modernismus der anderen, und ich hatte auch nichts übrig für den Brauch, sie wie ein Negersklave des 17. Jahrhunderts mit ›Meister‹ anreden zu müssen. Erst sehr viel später stellte sich bei mir eine gewisse Dankbarkeit dafür ein, daß sie mich an eine so noble Kunst herangeführt hatten.

Um mein Urteilsvermögen zu schärfen, wählte ich damals als Ort der Besinnung stets eines der Museen, machte aber beharrlich einen großen Bogen um die Mona Lisa, deren widerwärtiges Grinsen mir das Gefühl vermittelte, sie habe aufgrund irgendeiner mir unerklärlichen Hexerei von meinem Gebrechen sozusagen Wind bekommen. Vor dem Heiligen Sebastian von Mantegna suchte ich Erbauung und wartete ab, bis sich die Wächter entfernt hatten, bevor ich meine kleine Verbrennungsmaschine anwarf, und während ich mich weitab vom lärmenden Treiben dieser Welt meiner Gase entledigte, bewunderte ich die Strenge der Komposition, die rhythmische Anordnung der Säulen und Pfeiler sowie die himmlische Zartheit der Farbgebung, die der Agonie des Gemarterten etwas Ekstatisches verliehen.

Bis zu jenem Zeitpunkt hatte ich es verstanden, mir andere Leute ohne große Mühe auf eine fast menschenfeindliche Weise vom Leib zu halten, als mich zu meinem Unglück die Einberufung zur Armee ereilte. Die Musterung absolvierte ich mit Getöse, doch die Stabsärzte legten mir mein krankheitsbedingtes Fehlverhalten als Aufsässigkeit aus, und ich wurde augenblicklich in ein Straflager abkommandiert; dort, in der Beengtheit der Buden, lernte ich das unendlich vulgäre Wesen der Männer kennen, die, kaum daß sich die Türen hinter ihnen schließen, nichts Besseres zu tun haben, als sich einen Sport daraus zu machen, aus allen erdenklichen Körperöffnungen, und damit meine ich auch die Poren, die widerwärtigsten Gerüche abzusondern. Meine Kampfgase versetzten die Kameraden geradezu in einen Freudentaumel, und, unterstützt von der schlechten Verpflegung dieser armen Teufel – Büchsenfleisch, Corned-Beef, Linseneintopf und weiße Bohnen – erweckten sie in ihnen die Lust am Wettstreit: ›Peng!‹ hörte man sie rufen, während sie Ballast abwarfen, ›Fast wär's in die Hose gegangen –

und die Luft kann man hier bald nicht mehr atmen!‹

Zum Meister aller Disziplinen gekürt, verlieh man mir Spitznamen wie: Balsamierer, Bombarde, Kanonier, Feuerwerker, Artillerist, Stänkerer, Mörser, Gasbombe, Panzerfaust, Dicke Berta, Rakete, Orkanbö, Bläser, Narkotiseur, Schweißbrenner, Stinktier, Ziegenbock, Iltis, Schlagwetter, Gasflasche, Gebläse, Giftmischer, Borgia, Zephir, Veilchen, Windmaschine, Mr. Pups, Stinkbeutel, Druckkessel, Gasrohr, Gaskocher, Schießbaumwolle, Aftersturm, Diesel, Klabuster – gewiß sind mir viele andere entfallen. Einzig das Ziel vor Augen, eine eigene Bude zugewiesen zu bekommen, ersuchte ich, dem Erstickungstod nahe, darum, beim Oberst vorsprechen zu dürfen. Dieser überwand seine anfängliche Abneigung gegen meine slawische Herkunft und verschaffte mir dank meiner höheren Studien das Privileg, an einem Lehrgang für Reserveoffiziere teilnehmen zu dürfen, aus dem ich im Rang eines Leutnants entlassen wurde; diesen Dienstgrad büßte ich acht Tage später jedoch wieder ein – des Offiziersranges unwürdig, hieß es in der Personalakte Sokolow, schießt beim Hissen der Fahne Salut – und all das nur, weil ich bei einer Waffenparade eine Salve abgefeuert hatte, eine Schandtat, die zweifellos niemandem aufgefallen wäre, hätten sich die Bronchien des Fähnrichs nicht kurz, bevor er die Trompete an die Lippen setzte, mit meinen Gasen gefüllt, so daß aus seinem blechernen Blasinstrument, um ein Vielfaches verstärkt, Töne erklangen, die stark jenen ähnelten, die ich aus meinem After zu entlassen pflegte. Dieser Vorfall bescherte mir zwei Wochen verschärften Arrest, worauf ich es übrigens angelegt hatte.

An einem milchig grauen Novembermorgen – es war ein Manövertag – wurde ich meiner militärischen Pflichten entbunden. Traurig stieg ich den Hügel hinab, ließ die nach einem imaginären Feind Ausschau haltenden Kameraden, diese Soldaten mit Leib und Seele, hinter mir zurück, nachdem ich solange ihren Sarkasmus hatte ertragen müssen, und während sich das Rattern der Maschinenpistolen mit dem Krachen der Mörsergranaten, die die Baumwipfel eines nahen Gehölzes zerfetzten, mischten, gerieten mir meine Abschiedsfurze bitterer und bedrückter denn je.

Ich begab mich zurück in mein Atelier mit seinem muffigen Geruch nach Leinöl und Terpentin und machte mich sogleich an die Arbeit. Meine ersten Werke standen im Zeichen von Goya und Ingres, doch als ich mich in der Folge nicht vom Einfluß Paul Klees zu lösen vermochte, verfiel ich in einen Zustand der Niedergeschlagenheit, und, an mir selbst zweifelnd, nahm ich nicht nur Zuflucht zu komplizierten Techniken, sondern unternahm es auch, meinen Blick am Beispiel lebender Modelle bis an die Grenzen des Möglichen zu schärfen. Nachdem ich zwölf Monate lang im Dienst des Vaterlandes gestanden und während dieser Zeit durchaus nicht danach getrachtet hatte, meine Blähungen zu unterdrücken, stellte sich heraus, daß ich sie nun nicht mehr länger im Griff hatte, und daß sich meine Gase sehr zu meinem Ärger auf Schritt und Tritt entluden; so schaffte ich mir, um in aller Ruhe arbeiten zu können, einen Bullterrier mit rosa, ich würde fast sagen krapprot umrandeten Augen an, den ich Mazeppa taufte und der mir fortan als Alibi dienen sollte. Jedesmal, wenn ich einen fahren ließ, tat ich so, als würde ich ihn dafür tadeln, indem ich mit einer Stimme, die so schrill war, daß sie jeden Tumult übertönte, Mazeppa anschrie: ›Wie kannst du es wagen!‹ Der Hund wurde mir zu einer wertvollen Stütze, zuerst bei meinen Mätressen, die hin- und hergerissen waren zwischen der Anziehungskraft des jungen Künstlers, dessen Wert sie dunkel erahnten, und einem an Haß grenzenden Ekel vor einem Tier, dessen Äußeres ihnen abstoßend und dessen Gebaren ihnen widerwärtig erschien; später auch an öffentlichen Orten wie Restaurants, Kneipen, Imbißstuben und Bars, wo ich durchaus nicht davon absah, das Tier ausgiebig zu beschimpfen. Mazeppa hatte rasch gelernt, daß er nach fünfzehn bis zwanzig Fürzen und eben so vielen Verwünschungen ein Anrecht auf irgendeine Leckerei hatte, und so ließ er sich nicht aus seiner britisch anmutenden Gelassenheit bringen, sondern begnügte sich damit, die Ohren und den Schwanz hängen zu lassen, als wollte er dadurch meinen verräterischen und feigen Anschuldigungen mehr Glaubwürdigkeit verleihen.

Nachdem ich bis zu meinem dreiundzwanzigsten Lebensjahr das magere Erbe, das mir mein verblichener Vater hinterlassen hatte, bei nächtlichen Eskapaden und durch den Erwerb betagter Automobile vergeudet hatte, fand ich mich vor die Notwendigkeit des Geldverdienens gestellt. Da verfiel ich dank meiner krankhaften Beschwerden auf die Idee, eine Comic-Strip-Figur namens ›Crepitus Ventris‹, der Düsenmann, zu erfinden, die zwar anfänglich von mehreren Verlegern abgelehnt wurde, am Ende jedoch zu einem Bestseller (Copyright Opera Mundi) avancierte. Dieser neuartige Batman wurde von seinen eigenen Fürzen angetrieben – die ich übrigens durch kleine Sterne, als Zeichen für Schmerzen, sichtbar machte, respektive durch längliche Blasen oder explodierende Ballons, welche aus seinem heroischen Hinterteil quollen, und in die ich, je nach Laune, Lautmalereien wie *Flapp! Wusch! Bumms! Paff! Zisch! Brumm! Krawumm! Plumps! Krach!* oder gar *Pflatsch!* schrieb. Um jedoch meiner Karriere als Maler nicht zu schaden, signierte ich mit dem Pseudonym Woodes Rogers – den es tatsächlich gegeben hat. Er war ein englischer Kapitän und der Verfasser von ›Kreuzfahrt um die Welt‹ (1712). Vor Jahren hatte ich darin einen Satz gelesen, der mich seitdem nicht mehr losließ: Er habe, so schrieb W. Rogers, einen schwarzen Pfeffer namens Aframomum meleguetta (Paradieskörner) entdeckt, der sich ebenso vorzüglich zur Behebung von Blähungen wie zur Vorbeugung gegen Koliken eigne. Aller materiellen Bedrängnisse ledig, konnte ich mich nun wieder ganz der Malkunst widmen.

Schon bald erlangte ich eine solche Virtuosität, daß ich, wie Delacroix einst forderte, einen vom Dach stürzenden Arbeiter in der kurzen Zeit seines Fallens trefflich zu erfassen und darzustellen vermochte. Eines Tages – ich wollte mir selbst meine Meisterschaft beweisen, indem ich nach eingehender Betrachtung Nähnadeln zeichnete, und zwar mit einem einzigen Strich, zuerst kräftig und voll, dann, rings um das Nadelöhr, dünn und fein, und schließlich mit einer Verjüngung zur Spitze hin – eines Tages also entfuhr mir unversehens ein Furz von solcher Wucht, daß eine Fensterscheibe zerbrach und meine Hand wie die eines von Elektrolepsie geplagten Kindes zitterte. Ich betrachtete zuerst die zu meinen Füßen verstreuten Scherben, doch dann, als ich aufblickte und mich wieder meiner Zeichnung zuwandte, hielt ich fasziniert mitten in der Bewegung inne: Mein Arm hatte wie ein Seismograph funktioniert.

Ich sah genau hin und es schien, als wäre die zwingende Schönheit jener Linienführung einem sensiblen Gemüt entsprungen, das auf gefährliche Weise durch medizinische Aufputschmittel wie Ephedrin, Orthedrin, Maxiton oder Corydran in Erregung versetzt worden war. Dieses Gestrichel ähnelte den Elektro-Enzephalogrammen von Epileptikern, deren periodisch auftretende Paroxysmen durch entsprechende Ausschläge der Nadel einen scharfgezackten Verlauf darstellen.

Schleunigst wiederholte ich das Experiment, indem ich meine Feder in die Tusche tauchte, sie senkrecht aufs Papier setzte und den nächsten Furz abwartete. Der erwies sich als ein solches Prachtexemplar, daß das Zeichenpapier auf einer Breite von fünfundzwanzig Zentimetern mit einem gezackten

Muster versehen wurde, ja am Rand sogar ein wenig einriß.

Ich verglich das Blatt mit dem ersten und mußte mir begeistert eingestehen: Mein Verfahren hatte auf geradezu bestürzende Weise seine Wirksamkeit unter Beweis gestellt. Die Eigenheiten meiner Handschrift blieben zwar erhalten, wurden jedoch zugleich durch die Aggressivität der Prozedur sublimiert – und eine schier unendliche Vielfalt von Kombinationen eröffnete sich. Dies war weder das Abbild eines schizophrenen Deliriums noch der chaotische Ausdruck zerrissener, unkoordinierter Empfindungen und Gemütsbewegungen. Denn während der heftigen Entladung hatte ich nie das Gefühl gehabt, gänzlich die Kontrolle über meine Hand zu verlieren, so fest waren mein ästhetischer Sinn und mein zeichnerisches Können verankert.

Während ich in der Dunkelheit der Nacht um Schlaf rang, dachte ich: ›So sollen denn also die üblen Gerüche, die mich an die Vergänglichkeit meines Körpers erinnern, dazu dienen, alles, was mein schöpferischer Geist in seinen tiefsten Tiefen an Reinheit, Lebendigkeit und verzweifelter Ironie birgt, zutage zu fördern und zu verklären! Nach so vielen der Malkunst geweihten Jahren, nach all den Tagen, die ich damit verbracht habe, in Museen vor unübersehbar plazierten, vom Genie bedeutendster Künstler umwehten Meisterwerken meine Gase zu verströmen, ist es nun diesen zarten, zittrigen und gezackten Linien bestimmt, mich für alle Zeiten von meinen innersten Nöten und Zwängen zu erlösen!‹

Tags darauf sagte ich dem klassischen Malerschemel Lebewohl, nahm einen Engländer zur Hand und schraubte einen mit Spiralfedern ausgestatteten Fahrradsattel auf ein dreibeiniges Metallgestell. Dank dieser mechanischen Übertragung erzielte ich bei meinem Sitz einen variablen Verstärkungseffekt mit der Empfindlichkeit eines ›Trepidometers‹, eines Registriergerätes für Erschütterungen. Einen Monat später war ich bereits im Besitz von vierzig signierten und von 0 bis 39 durchnumerierten ›Gasogrammen‹, von denen ich fünfzehn mit Sepiatusche konturiert hatte. Unverzüglich beschloß ich, diese Werke einem gewissen Gerhart Stolfzer, einem der bedeutendsten Kunsthändler jener Tage, vorzulegen. Er nahm mich sofort unter Vertrag und beschwor mich, ja nicht auch nur um ein Jota von meiner Maltechnik abzuweichen. ›Sie wissen ja, Sokolow, wie das heutzutage ist mit den Amerikanern...‹ Und so kam es, daß ich im Februar 19.. eine auf dickes Zeichenpapier gedruckte Einladung folgenden Wortlautes in Händen hielt: Im Namen der Galerie Zumsteeg-Hauptmann bittet Sie Gerhart Stolfzer zu einer Vernissage mit Werken des Malers Jewgenij Sokolow... Dieser war zwar wenig geneigt, sich öffentlich zur Schau zu stellen, doch mußte er wohl oder übel zu der Veranstaltung erscheinen. Stolfzer machte ihn mit ein paar hübschen Frauen bekannt, die ihn mit ihren dummen, pseudoanalytischen Kommentaren zur Weißglut brachten. Kurzerhand machte er eine Kehrtwendung und setzte ihnen einen Furz vor die Nase, dessen Gestank einerseits zum Teil von den Parfums neutralisiert wurde, nach denen jene Kreaturen rochen, und der sich andererseits mit den säuerlichen Gasbläschen vermischte, die aus den Champagnerkelchen aufstiegen.

Eine solche Dreistigkeit und Arroganz

konnten die Damen nur verführerisch finden. Doch dann wurde einer von ihnen übel – lag es an meinen Düften oder an der im Raum herrschenden Wärme? – und riß im Fallen eine meiner Kaltnadelradierungen vom Haken. Das zerbrechliche Deckglas zerbarst beim Aufprall auf dem Fußboden, und ein Splitter bohrte sich ihr in ihr linkes Auge.

Die Angelegenheit wurde von meinem Kunsthändler geschickt ausgeschlachtet, und die Summe, die seine Haftpflichtversicherung bezahlte, war ebenso wenig zu verachten wie die von Lloyd's geleistete Entschädigung. Wir kamen auf die erste Seite einiger auflagenstarker Zeitungen, die den Vorfall spektakulär aufmachten – und die übrigens von mir ein äußerst vorteilhaftes Foto brachten.

Während der folgenden Tage führten die Kritiker Worte im Munde wie: Hyperabstraktion, stilistische Strenge, formaler Mystizismus, mathematische Präzision, philosophische Spannung, seltsam schöne Eurhythmie, hypothetisch-deduktive Lyrismen. Andere hingegen sprachen von Schwindel, Bluff und Kacke. Vierunddreißig meiner Werke wurden innerhalb von zwei Wochen verkauft, die meisten an Amerikaner, Deutsche und Japaner. Eines der Bilder ging an die St. Thomas University Collection in Houston, ein anderes an die Bayerische Staatsgemäldesammlung in München. Mein Marktwert stieg so steil in die Höhe wie das Geschoß einer MAS-36 aus der Waffenfabrik von Saint-Etienne, deren Lauf auf den Zenith gerichtet ist.

Diese schlagartige Berühmtheit lockte mir junge Epheben ins Haus, zart wie Aprilblumen und schmachtend vor lauter sündigen, kaum gebändigten Begierden, jedoch auch lüsterne, leidenschaftliche Frauen, die mich zu irgendwelchen Soireen einluden, bei denen mir mein ›Alibi-Hund‹ so oft half, mein Gesicht zu wahren, daß ich ihn aus Dankbarkeit mit allerlei Leckereien wie Drops, englischen Bonbons und Pralinen vollstopfte. Ich tat dies so ausgiebig, daß er Speck ansetzte und selbst anfing, hemmungslos zu furzen. Wenn wir dann später den einen oder anderen Nachtklub aufsuchten, konnte ich meinen Mazeppa getrost im Wagen lassen, denn in solchen Lokalen durfte ich nach Herzenslust meine Blähungen ablassen, so groß war der Lärm, der dort von elektrischen Instrumenten niederer Frequenz erzeugt wurde. Es erübrigt sich der Hinweis, daß ich Theater- und Opernpremieren mied, weil man zu solchen Veranstaltungen niemals Hunde mitnehmen darf.

Ungefähr zur selben Zeit setzten meine ersten Blutungen ein, vermutlich ausgelöst durch das viele Sitzen.

In jenem Jahr verkaufte Stolfzer 101 Werke von mir: 83 Zeichnungen und Radierungen aus der Serie der Gasogramme sowie 18 Gemälde, davon eines an das Institute of Arts in Detroit, zwei an das Moderna Museet in Stockholm, eines an das Marlborough Fine Art in London, ein weiteres an das Art Museum Ateneum in Helsinki und schließlich noch ein Tryptichon an die Staatsgalerie Stuttgart. Im selben Zeitraum organisierte er für mich eine Ausstellung in der Turiner Galleria Galatea, eine weitere in der Brüsseler Bank Crédit Communal de Belgique und schließlich noch eine im University Art Museum von Berkeley.

Ich hatte zahlreiche Romanzen mit dem einen wie dem anderen Geschlecht, denn ich wollte mich um keinen Preis binden – sei es aus Egoismus oder aus Furcht, mein Geheimnis könnte aufgedeckt werden. So erwarb ich mir den Ruf eines unbeständigen, dreisten und zynischen Verführers. Müde, mich immer nur mit Gespielen abzugeben, die für meine Annäherungsversuche bloß mäßig empfänglich waren oder die von sodomitischen Unlustgefühlen heimgesucht wurden – ›Jewgenij, da doch nicht, du Dreckskerl!‹ –, fand ich letztlich mehr Befriedigung bei den Callgirls und -boys, die sich um mein Vergnügen sorgten, ohne daß ich mich um das ihre kümmern mußte. Das waren zumeist fette Nutten und bartlose Lustknaben, die ich bisweilen en groupe antreten ließ, da meine Sensibilität rasch abstumpfte und ich darum ein Bedürfnis nach Liebkosungen von Händen mit überzähligen Fingern empfand.

Ein passives homosexuelles Erlebnis erwies sich als derartig uninteressant, daß ich das fremde Glied, diesen Eindringling, schon nach zwanzig Sekunden mittels eines meisterhaften, endgültige Klarheit schaffenden Furzes in der Art eines Granatwerfers wieder aus mir hinausbeförderte.

In jenem von windigem Snobismus geprägten Lebensabschnitt besaß ich einen schwarzen Sechseinhalb-Liter Bentley ›Saloon‹ mit Harrison-Karosserie aus der Zeit kurz nach der Jahrhundertwende. Das Fahren dieses Wagens überließ ich meinem Diener, der durch eine Trennscheibe vor meinen Ausdünstungen geschützt war, denn ich tat alles, damit er mein Gebrechen nicht wahrnahm. Und da ihm der Zutritt zu meinem Hintergemach verwehrt war, kam er nie dahinter, zu welchen Zwecken ich es benutzte.

Übrigens war er ein ziemlich unbedarfter junger Mann, eine Art furchtsamer und offenbar geschlechtsloser ›Freitag‹, der nur bisweilen seine Schweigsamkeit ablegte, um mich mit allerlei wirrem Geschwätz über afrikanische Zauberei und Seelenwanderung zu behelligen.

Es kam vor, daß ich ihm vor den Drehtüren irgendeines dekadenten Palasthotels zu halten gebot, um dort für eine Nacht in einer Suite abzusteigen. Zuerst irrte ich dann durch die stillen Säle, ließ zwischen Säulen mit korinthischen oder ionischen Kapitellen meinen inneren Schlagwettern tosend freien

Lauf und setzte mich sodann an die Bar, um mich mit wohlbekannten Cocktails zu betrinken: Lady of Lake, Baltimore Egg Nogg, Too Too, Winnipeg Squash, Horse's Neck, Tango Interval, White Capsule, Corpse Reviver... Am liebsten trank ich jedoch Monna Vanna und Miß Duncan aus einem schlanken, hohen Glas, einer sogenannten ›Flöte‹. Bei letzterem Drink kam es darauf an, Cherry Brandy und grünen Curaçao so behutsam zu gleichen Teilen einzuschenken, daß sie sich nicht miteinander vermischten. Irgendwann lehnte ich dann trunken von den süßen alkoholischen Getränken im Fahrstuhl an der Wand und starrte mit glasigen Augen die Numerierung der Etagen an.

Vertragsgemäß hatte ich bei Stolfzer monatlich fünfzehn Zeichnungen, Radierungen oder Gemälde abzuliefern. Die meisten dieser Werke verwahrte er aus Gründen der Spekulation in einer Dachkammer. Eines Morgens – ich saß gerade über meiner dritten Skizze – befiel mich eine leichte Unruhe, die sich alsbald in Furcht verwandelte, denn nicht die Spur eines Wüstensturmes oder Steppenwindes wollte mir entfahren; lediglich ein mildes Lüftchen stahl sich im Morgengrauen einem Seufzer gleich aus meinem Gesäß, doch ließ es meine Hand nicht einmal um die Breite eines Haares oszillieren. Und so blieb es auch an den darauffolgenden Tagen: ein paar rare Schirokkos, aber kein einziger krachender Furz, so daß ich am Vorabend des Fälligkeitstermins nur die erwähnten drei Skizzen für meinen Kunsthändler hatte. Ich bat ihn um eine Fristverlängerung, die jedoch leider auch nichts fruchtete. Da beschloß ich, die Gasogramme nur mit Hilfe meiner manuellen Geschicklichkeit auszuführen. Auf diese verbissene Arbeit verwandte ich einen ganzen Tag und einen Teil der Nacht, doch kaum hatte Stolfzer einen Blick auf meine Strichzeichnung geworfen, als er, bevor er die Tür hinter sich zuknallte, die Stirn runzelte und nach mehrmaligem Kopfschütteln mit unwirscher Stimme verkündete, das sei keinen ›Karnickelfurz‹ wert, ein Ausdruck, der mich zuerst an einem verzweifelten Lachen würgen ließ und mich anschließend in die tiefste Niedergeschlagenheit stürzte. Ich hatte bislang als Crepitus Ventris, der Düsenmensch, unerkannt mein

Dasein fristen können, doch nun, da ich berühmt war, fand ich mich unversehens auf Gedeih und Verderb den Launen meines Gedärms ausgeliefert. Zwei Tage verstrichen, da riß mich eine so heftige Entladung aus dem Schlaf, daß sogar mein Hund es mit der Angst zu tun bekam. Rasch warf ich einen Hausmantel über und eilte zu meiner Staffelei. Schon kündigte sich zart die Morgenfrühe an, und es herrschte tiefe Stille. Doch ach, diese Stille hielt den ganzen Tag über an! Dennoch verließ ich meinen trepidometrischen Sitz erst, als es schon dunkelte. Kaum stand ich auf den Beinen, da explodierte unter mir ein wahrer Granatenfurz. Dieser absolute Mangel an zeitlicher Abstimmung und das Groteske der Situation spannten meine Nerven zum Zerreißen. Nachdem ich sekundenlang mit dem Gedanken gespielt hatte, mir mittels einer Fahrradpumpe Luft in den Anus zu blasen, entschloß ich mich zum käuflichen Erwerb gewisser medizinischer Abhandlungen, die mich über mein Gebrechen aufklären, mir jedoch beileibe nicht helfen sollten, es zu heilen, sondern es ganz im Gegenteil zu verschlimmern.

Es gelang mir, die Aufzeichnungen von W. C. Alvarez *(Hysterical type of non gaseous abdominal bloating)* aufzutreiben, des weiteren A. F. Esbenkirk: *Volumen und Zusammensetzung der Gase im menschlichen Dickdarm*; A. Lambling und L. Truffert: *Zusammensetzung der Darmgase und ihr Entstehungszeitpunkt. Studie zur Bestimmung ihrer Explosionsneigung im Luftgemisch*; J. Rachet, A. Busson, Ch. Debray: *Erkrankungen des Darms und des Bauchfells*; A. Mathieu und J. C. Roux: *Krankheiten des Verdauungsapparates. Klinisch-therapeutische Bemerkungen*; J. C. Roux und F. Moutier: *Meteorismus in der Magen-Darm-Pathologie*; A. R. Prévot: *Probleme der intestinalen Gase. Bakteriologische Untersuchung und ihre ungeklärten Aspekte*; A. Oppenheimer: *Concerning action of post pituitary extracts upon gaz in intestines*. Hals über Kopf stürzte ich mich in die Lektüre dieser Werke.

Nachdem ich nebenbei die genaue Zusammensetzung und Menge meiner Gase pro 100 Kubikzentimeter ermittelt hatte (Spuren von Schwefelwasserstoff; Kohlenmonoxyd nicht nachweisbar; Kohlendioxyd 5,4%; Wasserstoff 58,4%; Kohlenwasserstoffverbindungen in Form von Methan 9,8% und Stickstoff 26,4%) analysierte ich anschließend die Explosivität bei unterschiedlichen Mischungsverhältnissen zwischen den intestinalen Gasen und Luft (Luftbeimischung in Prozent): 7,5% = Explosivität null; 8,6% = sehr zögernde Verpuffung; 9,9% = rasche Verpuffung; 11,4%; 13,2%; 15,4%; 24,6%; 25,8%; 27,5% = sofortige Explosion; 27,9% = leicht verzögerte Explosion; 28,6% = schwer entflammbar; 29,7% = Explosion null. Ich machte mich auch mit den so erhaben klingenden Namen meiner am stärksten stinkenden ›Anaeroben‹, also jener niederen Organismen bekannt, die ganz ohne Sauerstoff leben können: Cl. sporogenes, Cl. sordellii, Cl. bifermentans, Pl. putrificum.

Während ich meine Grundkenntnisse vertiefte, lernte ich, daß mein Gedärm stets eine gewisse Menge an Gas enthält, das eine Doppelrolle spielt: Es sorgt für Druckausgleich und regelt die Peristaltik. Weiterhin erfuhr ich, daß meine körpereigenen Gase dreierlei Ursprungs waren: Zum einen wurden sie vom Blut ausgeschieden und sammelten sich in den Eingeweiden, zum anderen handelte es sich um Luft, die über die Atemwege in den Körper gelangt war, und schließlich gab es da noch die Gase, die ein Abfallprodukt der jeweiligen Verdauungsvorgänge darstellten. Die erstgenannten schienen nur eine unerhebliche Rolle zu spielen, und die zweiten ergaben anteilsmäßig nur eine geringe Menge. So entschloß ich mich denn, mich vor allem der Analyse der im Verdauungstrakt produzierten Gase zu widmen.

Ein kleines Quantum an Kohlendioxyd ist allem Anschein nach das Resultat der Neutralisierung von Chlorwasserstoffsäure durch alkalische Basen in den Dünndarmsekreten. In diesen Vorgang greifen auch ganz normale Mikroben ein, denn sie gewährleisten die Verdauung von Zellulose und vollenden zugleich die Aufspaltung von Zucker und Stärke. Es entsteht saures Gas wie bei einem Gärungsprozeß: Wasserstoff, Kohlendioxyd und Kohlenwasserstoffverbindungen. Andere Mikroben zersetzen derweil die Aminosäuren, die als Verdauungsrückstände übriggeblieben sind, und die eiweißähnlichen Sekretionen der Schleimhäute. Bei diesem Vorgang werden Ammoniak, Wasserstoff, Methan, Schwefelwasserstoff und Kohlendioxyd frei. Da diese Gärungs- und Zersetzungsprozesse bekanntlich die Hauptursache für durch Gase hervorgerufene Koliken sind, schien es mir geboten, ihnen hinsichtlich meiner Diät besondere Beachtung zu schenken.

Mit geradezu fieberhaftem Eifer reduzierte ich die übermäßige Einnahme von Ballaststoffen, indem ich den Verzehr von Hülsenfrüchten, grünem Gemüse, grob- und hartfaserigem Obst, frischem und altem Brot einstellte, und verminderte gleichermaßen den Konsum von stärkehaltigen Nahrungsmitteln wie Reis und Mehlspeisen und verlegte mich stattdessen zweckmäßigerweise auf die Einnahme von abgebauten Proteinen, nämlich verdorbenem Fleisch, Innereien, Wurstwaren, nicht sehr frischem Fisch und Pilzen. Nachdem ich diese strenge Diät zwei Wochen lang eingehalten hatte, ließ ich die Fensterscheiben in meinem Atelier sicherheitshalber kreuz und quer mit kräftigen Klebestreifen zupflastern.

Schon bald entfuhren mir donnernd grimmige Fürze, gewürzte Winde schlichen sich ins Freie, chromatische Flatulenzen brachen mit Macht aus mir hervor, und die unter Druck stehenden Gase explodierten, doch ein auf höchste Lautstärke gestelltes Magnetophon mit Musik von Berg und Schönberg übertönte die Detonationen. Unterdessen huschte meine Hand übers Papier, als hätte ich einen Anfall von *paralysis agitans*. Gleichzeitig füllte sich der Raum mit seltsamen Düften: übelriechende Essenzen, Fäulnisgerüche, Pesthauch, halluzinogene Ausdünstungen, Teufelsweihrauch – insgesamt ein so gräßlicher Gestank, daß ich schon aufgeben wollte, doch da entsann ich mich, daß ich irgendwo im Keller, aus der Zeit, als ich in meiner kubistischen Periode Stilleben malte, eine Gasmaske von dem Typ, wie sie beim zivilen Luftschutz üblich ist, aufbewahrt hatte. Fortan griff ich nur noch nach meinen Zeichenfedern, Pinseln und Sticheln, wenn ich mir zuvor jenes Ding mit den beiden kleinen Bullaugen aufgesetzt hatte, das mich, ein lebendes Stück Aas, von der Welt und den Gerüchen abschirmte:

Setz die Maske auf, Sokolow, damit die anaeroben Fermentationen die Fanfaren des

Ruhmes erschallen lassen und deine Abszissen und Ordinaten von unbeherrschbaren Winden in erhabene Anamorphosen verwandelt werden!

Ohne dessen richtig gewahr zu werden, schuf ich mir innerhalb von vier Jahren in Boston, New York, Philadelphia, Stuttgart, Amsterdam und Stockholm eine Anzahl von Jüngern und Proselyten, und man einigte sich alsbald darauf, in mir den Vorreiter der Hyperabstrakten zu erkennen, ein Titel, den sich der Kritiker Jacob Javits einen Tag nach Eröffnung meiner ersten Ausstellung ausgedacht hatte. In der Folgezeit befaßte sich so mancher Kunsthistoriker mit den problematischen Konsequenzen der von mir ins Leben gerufenen Bewegung, ja mit ihrer Daseinsberechtigung, wobei der eine oder andere sogar so weit ging, meinem Verfahren jegliche Authentizität abzusprechen. Sokolow, so hieß es da, sei mit seinen ›monokordischen Delirien‹ zumindest teilweise verantwortlich für eine tragische Stagnation, wenn nicht sogar für einen Rückschritt in der zeitgenössischen abstrakten Kunst. Solche Spitzfindigkeiten ließen mich ebenso kalt, wie sie mühselig zu entschlüsseln waren, und bei ihrer Lektüre rächte ich mich, indem ich hier und dort durch kräftige, aromareiche Fürze einen Akzent setzte.

Wie hätte mich das alles auch kümmern sollen! Meine Werke hingen inzwischen in der Londoner Tate Gallery, im Museum von Belfast, in der Berliner Nationalgalerie, in der Yale University Art Gallery von New Haven und im New Yorker Museum of Modern Art. Mein Galerist Stolfzer verkaufte Bilder von mir zu sündhaften Preisen an das gesamte Großkapital, und manche meiner ›Gasogramme‹ baumelten unter Glas in den Salons von Luxusjachten mit eigenem Swimmingpool, in ihnen spiegelten sich die silbernen Cocktailshaker, die am Rand des azurblauen Wassers von Barmixern geschüttelt wurden.

›Laß deine Winde über all den Tand und Prunk dieser Welt hinwegblasen, und wenn sich irgendein Nymphchen in einem Spiegel, dessen Glätte die feinen Linien deiner Kunst reflektiert, die Lippen nachzieht, so möge deine Allgegenwart dazu dienen, die Verderbtheit der Welt in vielfachen Brechungen zu offenbaren! O Sokolow, sieh nur, wie die Hyperaktivität deines Gedärms deine Hand zucken läßt! Schau, wie die kleinen Bullaugen deiner Maske von den Ausdünstungen eines schöpferischen Sumpffiebers beschlagen sind und du geometrisch kühle, graphische Skizzen schaffst, während zu den atonalen Klängen der Musik eines Berg oder Schönberg, deren Zwölftonkunst sich die Eruptionen deiner Gase kontrapunktisch beigesellen, die Nadeln von Kathoden-Oszillographen zucken und die fluoreszierenden Leuchtdioden von Vu-Metern flackern!‹ dachte ich bei mir.

Zu der Zeit schon schied ich auf der Toilette bei jeder Entleerung so viel Blut aus, daß das Elfenbeinweiß der Kloschüssel mit roten Tupfern gesprenkelt war, doch reagierte ich darauf mit Gleichgültigkeit, wenn man einmal absieht von dem rein ästhetischen Interesse, das ich diesen flüchtigen Mustern entgegenbrachte – und von den Risiken weiterer Komplikationen, die sich auf lange Sicht einstellen konnten (derer ich mir übrigens durchaus bewußt war, da ich sie nach medizinisch-pathologischen Kriterien sehr wohl abzuschätzen wußte). Tatsächlich hielt ich mich selbst für einen Menschen, dem in schlimmer Weise ein unverzeihliches Übel anhaftete, dem jedoch andererseits ein außergewöhnliches Schicksal zugedacht war, und jedesmal, wenn ich in Versuchung geriet, einen Proktologen aufzusuchen, unterdrückte ich diese Anwandlung nicht zuletzt aus Furcht davor, ihm ins Gesicht zu furzen.

Ich muß jetzt einige Worte zu meiner äußeren Erscheinung sagen, denn es wäre nicht recht, würde der Leser aus meinem bisherigen Bericht schließen, ich wäre ein recht ungepflegter Mensch, welches man bei einer Person, die solch höllische Gerüche von sich gibt, durchaus zu glauben geneigt sein könnte. Gern und reichlich benütze ich Badezusätze, Aftershave-Lotion, Eau de Cologne von zartem Duft, Ylang-Ylang, Comoran-Extrakt und Mygore Sandelholz-Essenz, lauter Dinge, die ich mir von der in der Londoner Savile Row ansässigen Firma Crabtree and Evelyn schicken ließ. Schwere Parfums animalischen Ursprungs mied ich tunlichst, denn mit meinen eigenen Gasen vermischt ergaben sie das fürchterliche Resultat, daß sich bei mir Übelkeit und Erbrechen einstellten. Ich trug nur maßgeschneiderte Jacketts aus englischen Stoffen, die als sehr klassisch bezeichnet werden können, denn ich wollte mir keineswegs das Aussehen eines ›Künstlers‹ geben, dem manche Leute so überaus selbstgefällig huldigen. Meine Hosen indessen waren ausnahmslos amerikanische Jeans, die ich stets eine Nummer zu groß kaufte, weil so eine bessere Durchlüftung gewährleistet war. Ich trug auch keinerlei Schmuck oder sonstige Accessoires, mit Ausnahme einer sechseckigen Taschenuhr, die, den Blicken entzogen, in dem dafür vorgesehenen Täschchen steckte.

Manch einer mag glauben, daß die fett- und eiweißreiche Ernährung sich rasch nachteilig auf meine Figur auswirkte. Dem war nicht so. Darauf bedacht, die ursprüngliche Schlankheit zu bewahren, machte es sich Sokolow zur Pflicht, sein Körpergewicht zu überwachen und unternahm auch regelmäßig Gewaltmärsche, bei denen er gewissermaßen in die Rolle des Hundes schlüpfte, während Mazeppa den Herren spielte. Wir unterhielten uns dabei gleichsam von Gesäß zu Gesäß, indem wir mit ein paar kecken Fürzen der Hündinnen gedachten, die wir in unserem bisherigen Dasein kennengelernt hatten – wenn Mazeppa nicht gar zu ihrem Andenken die Reifen geparkter Automobile mit dampfender Pisse besprenkelte, bevor er, wohlig mit dem Hinterteil zitternd, eine Wurst mit spitzem, kegelförmigen Ende herausdrückte.

Der Welt und der Menschen überdrüssig, raffte ich mich dennoch auf und verließ mein Atelier, um in einem Restaurant à la mode zu speisen, und bis mir das Essen serviert wurde, schlug ich die Zeit damit tot, daß ich im Kopfe die Zeit stoppte, die die weiblichen Gäste auf der Toilette blieben: zwei Minuten für die Entleerung der Blase, zwei Minuten dreißig Sekunden fürs Pudern und Schminken. Alles was länger dauerte, schien mir ein stichhaltiger Hinweis darauf zu sein, daß ernstere Geschäfte abgewickelt wurden, und wenn dann die jeweilige Dame zurückkam, musterte ich sie ebenso friedlich wie mein Hund und beurteilte den Grad ihrer Verlegenheit, der gewöhnlich im umgekehrt proportionalen Verhältnis zur Zahl der auf dem

Örtchen verbrachten Sekunden stand. Bei solchen Restaurantbesuchen fiel meine Wahl mit Vorliebe auf Geflügel: Fettammern, Lerchen, Krammetsvögel, junge Rebhühner, Ringeltauben, Haselhühner, Schneehühner, Auerhähne, junge Wildenten, Fasane und Sumpfschnepfen, serviert mit einer Beilage in Form von gedünstetem Kohl oder Püree aus gelben, roten, Butter- oder Prinzeßbohnen. Bei den Käsesorten mied ich Doppelrahm, Sarah, Chester, Cheddar, Stilton und den holländischen Gouda, deren Duftnoten mir zu fein und zu zurückhaltend schienen, und verzehrte statt dessen Weichkäse aus der Franche-Compté, den Vogesen und der Normandie, sowie Munster, Boulette d'Avesnes, den für seine ammoniakhaltigen Ausdünstungen bekannten Maroilles, korsischen Käse aus der Gegend von Niolo und alten Lille (auch mazerierter bzw. eingelegter Stinker genannt), und ich darf wohl sagen, daß die Gäste an den Nebentischen meine Nähe rasch unerträglich fanden, denn zum Fäulnisgeruch der soeben aufgezählten Fleisch- und Milchprodukte, der sich mit dem Rauch meiner Havanna-Zigarren und den von mir abgesonderten Gasen mischte, gesellten sich obendrein meine phlegmatische Mundfaulheit und die abweisende Gleichgültigkeit meines Gesichtsausdruckes.

Als ich mich nun eines Abends über ein im Zustand fortgeschrittener Zersetzung befindliches schottisches Moorschneehuhn hermachen wollte – soeben hatte ich mich selbst getadelt, weil der Genuß von Champagner mir einige Bäuerchen und Rülpser entlockt hatte, statt die Gase aus meinem Leibesinneren durch den Hinterausgang entweichen zu lassen –, da drang von rechts her eine wahre Kaskade von Detonationen an mein Ohr. Mein Hund schied als Urheber aus, denn er lag neben meinem linken Fuß. Was da wie eine Perlenschnur herunterschnurrte, klang wie eine Salve von Fürzen, die ein Pferd im leichten Trab fahren läßt, und die sich verbreitenden üblen Gerüche erinnerten an den Dufthauch, der dem Ausscheiden von Pferdeäpfeln vorauszugehen pflegt. Als Urheber ermittelte ich einen Gast, der allein zu Abend speiste und damit beschäftigt war, einen Hummer zu knacken. Er mochte um die fünfzig Jahre alt sein, hatte ein hageres Gesicht und war äußerst elegant gekleidet. Augenblicklich ließ ich mich auf ein Gefecht mit ihm ein, das ich mit einer ganzen Artilleriesalve eröffnete, worauf er mit Geschoßgarben aus einem schweren Maschinengewehr antwortete. Ich übte mit Sprenggranaten Vergeltung, und das ging solange weiter, bis wir nur noch zu sporadischem Störfeuer in der Lage waren und beschlossen, auf mündlichem Weg über einen Waffenstillstand zu verhandeln. Ich erfuhr, daß mein ebenbürtiger Gegner ein gewisser Arnold Krupp, seines Zeichens Chirurg, war, Gemälde und Graphiken zeitgenössischer Künstler sammelte und unter anderem zwei Gemälde von Klee, drei von Picabia und neun von Sokolow sein eigen nannte. Ich hielt es nicht für geraten, ihm meine Identität zu enthüllen, denn ich hatte keine Lust, mich über meinen abenteuerlichen Weg zur hyperabstrakten Malerei auszulassen. So machte ich denn jenen Herrn mit meinem Hund Mazeppa bekannt und ließ mich anschließend auf ein Sitzkissen sinken, das prompt platzte und eine stark riechende Gasschwade entweichen ließ. Beim Kaffee kamen wir auf die Dadaisten zu sprechen. Von ihnen zu den Surrealisten war es nur ein kleiner Schritt. Über sie unterhielten wir uns beim Likör und über die Hyperabstrakten bei einer guten Zigarre, die anzuzünden uns jedoch einigermaßen schwer fiel, denn unsere Magenwinde vereinigten sich zu einem wahren Sturm. ›Ich glaube‹, meinte Krupp leichthin, ›daß zwei meiner Sokolow-Bilder Fälschungen sind.‹ Und während er mich aus vom Alkohol geröteten Augen ansah, präzisierte er: ›Ordinäre Elektrokardiogramme.‹ Ich schenkte ihm ein enzian-seliges Lächeln und erwiderte: ›Lieber Doktor, in Ihrem Besitz befinden sich die Gasogramme Nr. 101 und 102, die einzigen, die Sokolow auf einer jener Papierrollen ausgeführt hat, wie sie von Kardiologen benutzt werden.‹

›101 und 102!‹ rief Arnold Krupp. ›Ja, das stimmt ganz genau! Wenn mich nicht alles täuscht, verehrter Freund, dann sind Sie ein...‹ ›Ich...‹, fiel ich ihm ins Wort und stand auf, um mich zu verabschieden, ›ich verkleide mich als Mensch, damit mich niemand erkennt. Ich könnte genausogut Picabia oder Jesus, dieser exotische Hochstapler sein.‹ Dennoch nahm ich die Visitenkarte entgegen, die er mir mit gebieterischer Herzlichkeit aufnötigte, und zugleich fragte ich mich, wie es kam, daß die Blähungen, auf die dieser widerwärtige Kunstliebhaber mit Recht stolz sein durfte, es ihm erlaubten, bei schwierigen chirurgischen Eingriffen das Skalpell mit sicherer Hand zu führen.

Im Herbst 19.. erklärte ich mich, nicht ohne Widerstreben, auf Stolfzers Drängen hin zu einer Reise nach Zürich bereit, wo ich für einen Kinoproduzenten eine Reihe von Fresken ausführen sollte. Dieser Herr namens Loewy hatte sich gerade hoch über dem See eine prachtvolle Villa aus Beton, Stahl und Panzerglas bauen lassen. Meine Aufgabe bestand darin, die Wände einer kolossalen Halle mit Gasogrammen zu verzieren. In die Mitte dieser Halle war eine Art großes Taufbecken eingelassen, das von Säulen mit Kompositkapitellen umgeben war, und dessen Mosaikboden auf Knopfdruck angehoben und als Tanzfläche verwendet werden konnte. Dieses achteckige Schwimmbecken war zu jedem Zeitpunkt leer, die Halle lag wie ausgestorben da, und unter dem gigantischen Glasdach verebbte jedes Echo vielfach gebrochen wie die in einem Aufnahmestudio künstlich erzeugten elektroakustischen Schwingungen. Die Gefahren meines Vorhabens vorausahnend, erwirkte ich bei meinem Gastgeber, der ein solches Ersuchen lediglich für die Laune eines exzentrischen Genies hielt, daß ein Trupp Handwerker aufs Dach kletterte und dort kreuz und quer Klebestreifen anbrachte. Dies verlangte ich unter dem Vorwand, daß auf diese Weise das grelle Licht, das mein künstlerisches Urteilsvermögen zu beeinträchtigen drohte, zumindest etwas abgeschwächt würde. Nachdem mir anschließend zugesichert worden war, daß mich niemand stören würde, ausgenommen mein Diener – er machte mir mein Feldbett, das ich unten im Schwimmbecken hatte aufstellen lassen, er kümmerte sich um meine Spezialdiät und führte auch Mazeppa spazieren –, kletterte ich auf mein Aluminiumgerüst, bestieg meinen trepidometrischen Sattel und machte mich daran, die Grundierung aufzutragen.

Es dauerte nicht lange, bis meine schwarzen Linien, begleitet von einem Donnerhall, der hundertfach vom Glasdach und den Marmorfliesen zurückgeworfen wurde, die Wände dieser neuzeitlichen Sixtinischen Kapelle mit einem Zebramuster überzogen, und dieses Gestrichel sah der graphischen Aufzeichnung von Erdstößen nicht unähnlich. Eines Tages – ich war gerade dank einer besonders heftigen Entladung ganze dreißig Zentimeter vorangekommen und trat einen Schritt zurück, um die Freiheit der Linienführung besser in Augenschein nehmen zu können – traf mich plötzlich die unsichtbare Anwesenheit eines anderen Wesens mit einer solchen Wucht, daß ich heftig zusammenzuckte. Ich drehte mich um, und siehe da, im begrenzten Blickfeld meiner Gasmaske erschien ein kleines Mädchen, das in dem leeren Bassin auf dem Rand meines Bettes saß und unverwandt zu mir aufblickte. Da ward der arme Sokolow von einem Schwindelanfall heimgesucht und fühlte sich so übel, daß er fast vom Gerüst gestürzt wäre. Ein kläglicher Furz entschlüpfte mir, und ich riß mir die Gasmaske vom Gesicht, stieg schwankenden Schrittes hinab, trat an den Rand des Beckens und erkundigte mich, nach ein paar unverständlichen, gestammelten Worten, bei der Kleinen, wer sie denn sei und was sie da mache, doch die Züge ihres sehr schönen und zarten Gesichtes unter dem platinblonden Lockenkopf blieben starr und ungerührt, als wären sie aus Polyester modelliert. Mit vor Scham gebrochener Stimme wiederholte ich meine Fragen, indem ich jede Silbe überdeutlich aussprach, als hegte ich in meiner Verwirrung die Hoffnung, daß dort unten zu meinen Füßen ein geist- und hirnloses Wesen sitze, doch da verzogen sich die Lippen des Mädchens zu einem schwachen Lächeln. Dieses Teufelskind war also hinter mein schändliches Geheimnis gekommen! In meiner maßlosen Bestürzung kam mir die Idee, die Wasserhähne am Beckenrand aufzudrehen, aber bevor es soweit kam, zog die Kleine ein Büchlein aus der Tasche, schrieb etwas hinein und hielt es dann in die Höhe, als wollte sie mich auffordern, zu ihr hinabzusteigen. Nachdem ich dieser Einladung nachgekommen war, konnte ich die folgenden, säuberlich mit grüner Tinte geschriebenen Worte lesen: Ich heiße Abigail und bin elf Jahre alt. Sekundenlang verharrte ich in Unschlüssigkeit, dann lieh ich mir ihr Büchlein und ihren Federhalter aus. Ich schrieb: Die üblen Gerüche, die du gewiß wahrgenommen hast, Abigail, sind lediglich ein Resultat der chemischen Zusammensetzung meiner Farben. Mag sein, daß der Kleinen der genaue Sinn dieser Worte entging, denn als ich unversehens einen Furz von Windstärke vier fahren ließ, lächelte mir dieses zauberhafte Kind mit einer solchen Anmut zu, daß die Färbung meiner Gemütsverfassung übergangslos von Sepia in Preußischblau umschlug. Während der darauffolgenden Tage verständigten wir uns mittels des Notizblocks und einer aus Gesten, Signalen und Grimassen bestehenden Zeichensprache, und allmählich gedieh in aller Stille, die nur vom Kratzen des Füllfederhalters und vom gelegentlichen geräuschvollen Entweichen meiner Gase gestört wurde, ein geheimes, zartes und sublimes Gefühl, das in meinem Herzen – und an meinem Unterleib – bis auf den heutigen Tag schmerzhafte Stigmata hinterlassen hat. Abigail machte es sich zur Gewohnheit, jeden Abend zu kommen und, auf dem Rand meines Bettes unten im Schwimmbecken sitzend, einen kleinen Imbiß in Form von Zwieback oder Butterkeksen zu verzehren. Nachts spürte ich dann an meiner Haut die Krümel, die den kindlichen Zähnen entgangen waren. Diese Krümel schürten meine schändlichen Gelüste derartig, daß ich, brennend vor Begierde und mit prall eregiertem Glied, viele schlaflose Stunden verbrachte. Ich zeigte der Kleinen, wie man ohne abzusetzen eine Nähnadel zeichnen kann, und je winziger mir das Nadelör geriet, desto mehr wurde sie von einem heftigen, jedoch unhörbaren Lachen geschüttelt, während sie rücklings auf meiner Liegestatt lag.

Eines Nachts – in der großen Halle herrschte polare Kälte – kroch sie zu mir ins Bett und kuschelte sich mit ihrer Gänsehaut an mich, und so kam es, daß ich auf dem Grunde eines leeren Schwimmbeckens, spärlich erleuchtet vom diffusen Licht der Sterne, dieser kleinen Taubstummen, die mein Feldbett teilte, die einzigen Worte der Liebe ins Ohr stammelte, die mir je im Leben über die Lippen gekommen sind. In meinem Sinnesrausch stieß ich gräßliche Obszönitäten aus, die zwischen zusammengebissenen Zähnen aus mir hervorbrachen, als wäre ich ein Bauchredner, während sich unter mir die kleine Abigail wand, vor Aufregung fast erstickte, instinktsicher mehrmals den Ansatz von einem Orgasmus hatte und den kleinen Mund zu einem langanhaltenden, tonlosen Schrei aufriß! Ich konnte die Sache jedoch nicht zu einem guten Ende führen. Denn aus Furcht vor der, wie mir schien, unmittelbar bevorstehenden Eruption einer Blähung, die mir gerade in dem Augenblick, als ich dem Höhepunkt nahe war, schier die Eingeweide zu zerreißen drohte, und deren Pestgestank ich vorausahnte, hielt ich weinend meinen Orgasmus zurück und entzog mich meiner kleinen Stute mit einem Ruck. Dabei müssen mir wohl einige Gramm bzw. Kubikzentimeter meines Samens ins Gehirn geschossen sein und dort eine kleine, aber bösartige Verletzung verursacht haben, denn bis auf den heutigen Tag leide ich an deren Auswirkungen in Form von grellen ›Flashbacks‹. Über einen langen Zeitraum hinweg habe ich vergeblich versucht, diesen unter meiner Schädeldecke brennenden Abszeß durch ausgiebiges Masturbieren zum Platzen zu bringen, doch niemals reichte die dabei zutagegeförderte lauwarme, sämige Milch an den brodelnden Erguß jenes denkwürdigen Abends heran. Tags darauf wurde Abigail in ein Internat gesteckt. Ich selbst vollendete innerhalb von zwei Tagen meine Strichzeichnungen und reiste aus Zürich ab.

Sechs Monate lang brachte ich infolge dieser Affäre kein Werk zustande. In jener Epoche manueller Untätigkeit verfiel ich auf die betrübliche Schnapsidee, meine tränentreibenden Gase auf Tonband aufzuzeichnen. Als ich mir diese Bänder dann auf meiner HiFi-Anlage vorspielte, versetzten sie mich abwechselnd in zwei widerstreitende Gemütszustände. Der eine ließ mich in meiner Phantasie eine musikalische Untermalung zu meiner Comic-Strip-Figur Crepitus Ventris, dem Düsenmenschen, vernehmen: Ich sah meinen Helden durch Kumulus-Wolken stoßen, zu Zirrostratus-Wolken aufsteigen und erleben, wie er dank seines analen Düsenantriebes Lear-Jets abhängte, mit gedrosseltem Motor in den Sturzflug überging, wieder Gas gab und dabei einen langen, feurigen

Schweif aus seinem After ausstieß. Mich packte eine solch unbändige Heiterkeit, daß mir wieder wie einst vor Lachen die Augen feucht wurden, und vor meinem getrübten Blick Bilder wie aus den Tiefen des Meeres oder wie aus einem Fiebertraum erschienen. Manchmal blies ich dabei den klebrigen Schleim aus meiner Nase sogar zu bunt schillernden Seifenblasen auf, die beim Zerplatzen ein kleines Häuflein Rotz hinterließen, welches einer soeben geschlüpften Nacktschnecke glich. Im zweiten der erwähnten Gemütszustände fühlte ich mich wie bei einem symphonischen Konzert und ließ mich von der dumpfen, apathischen Teilnahmslosigkeit des typischen Melomanen übermannen.

Sobald er aus diesen Trancezuständen aufgetaucht war, machte sich Sokolow daran, mittels sogenannten Rerecordings, seine Tonkonserven um Instrumente wie Tuba, Baßposaune, Bügel- und Schlangenhorn zu bereichern. Ich modulierte nach Belieben die Klangfarben dieser Instrumente und sorgte bei der Phrasierung durch gezielten Druckausgleich in Dünn- und Dickdarm für zusätzlichen Ausdrucksreichtum. Alles zusammen ergab eine ohrenbetäubende Symphonie, die so klang, als würde sie von einem Wünschelrutengänger dirigiert, und die nach Art der Partituren gegliedert war, wie sie von Artilleristen und Musketenschützen der Militärakademie von West Point für Aufnahmen der ›Schlacht von Vittoria‹ gespielt werden. Bei solchen Klängen heulte der arme Mazeppa zum Steinerweichen, aber mir kam die Idee zu den sogenannten multiplen Gasogrammen, die in ähnlicher Weise durch sukzessive Überlagerung zustandekommen sollten.

So schuf ich die ersten Skizzen und – später – die Entwürfe zum ›Elektrisch hingerichteten Zebra‹, das derzeit im Solomon R. Guggenheim Museum von New York zu besichtigen ist, und bald hatte Stolfzer wieder genügend Material für eine neue Ausstellung.

An jenem Abend erklärte ich mich auch erstmals dazu bereit, einen Journalisten in meiner Nähe zu dulden. Das geschah in dem irrigen Glauben, der Lärm in dem Raum, wo das Interview stattfinden sollte, würde mein Gefurze, dessen Kontrolle mir übrigens immer mehr entglitt, übertönen. Doch die Fragen jenes Amerikaners, der im Auftrag der NBC (National Broadcasting Corporation) gekommen war, erwiesen sich als besonders gehässig, etwa in der Art von: ›Sokolow, what is your political position about art?‹ (Sokolow, welches ist Ihr politischer Standort in bezug auf die Kunst?) Von solchen Provokationen entnervt und vom grellen Scheinwerferlicht des Kameramannes zusätzlich aus der Fassung gebracht, flüchtete ich mich anfänglich in lakonische Phrasen, die ich mit schneidender Stimme vortrug, während ich so tat, als würde es mich wenig kümmern, ob ich auf die zeitgenössische Malerei irgendeinen Einfluß ausübte oder nicht. ›Yes, of course‹, sagte ich beispielsweise, ›ich kenne die selbstmörderischen Arbeiten eines Schasberg, Krantz, Gulenmaster, Högenolf, Wogel und anderer Clowns.‹ Oder: ›Nein, ich habe nicht sonderlich viel für die Richtung dieser Leute übrig.‹ Als der Kerl dann jedoch versuchte, mich durch noch perfidere Fragen in die Enge zu treiben, fiel mir plötzlich auf, daß ringsum die Gespräche verstummt waren, und daß die geladenen Gäste, fasziniert vom bissigen Tonfall meiner Antworten, zu mir herüberblickten. In der absoluten Stille gab ich das Spiel für verloren. Ich setzte eine eisige Miene auf und sagte: ›Mister intellectual, about my painting let say just this —‹ Ich entriß ihm das Mikrophon, hielt es an mein Gesäß und ließ einen so gepfefferten Furz fahren, daß ich die *faeces* an meinen Beinen herabrinnen spürte. Die Zeugen des Geschehens wichen zurück, von der Duftwolke halb betäubt, und der in der Nähe der Kamera stehende Toningenieur, dem die Detonation meiner Gase mit voller Wucht aus den Kopfhörern direkt ins Gehirn fuhr, geriet ins Schwanken, während sich die Nadel seines Vu-Meters zweifellos bei Plus drei Dezibel verklemmt hatte.

Die Amerikaner ließen das Interview ungekürzt über den Sender gehen, d. h. mit Furz. Anschließend verkauften sie es so ziemlich überall in der Welt an jeden, der es haben wollte. Man fand nichts dabei, es immer wieder auszustrahlen, wodurch eine Art Kettenreaktion in Gang gesetzt wurde, in deren Verlauf sich die Sprengkraft meiner Gase zu der einer nuklearen Ladung summierte und die ganze Welt erbeben ließ.

Für die Zeitungen war dieser Skandal ein gefundenes Fressen, sie brachten Schlagzeilen in der Art von: *Hyperabstrakte Kunst – viel Wind um nichts?* Meine Bilder gingen weg wie warme Semmeln, zum stolzen Preis von 16 000 $ das Stück, und Stolfzer rieb sich hocherfreut die Hände. Was mich anbetraf, so mußte ich miterleben, wie sich meine Blutungen immer mehr verschlimmerten. Ich wurde nervös, jähzornig, verbittert; ich litt an Schlaflosigkeit und mißhandelte meinen Hund mit Fußtritten. Das ging solange weiter, bis ich eines Tages in meiner Not die Visitenkarte des Chirurgen Arnold Krupp herauskramte. Er verwies mich – sicherheitshalber unter einem falschen Namen – an einen seiner Freunde, der Proktologe war, und den ich alsbald aufsuchte. Er betastete mich mit dem Finger, was mir Schmerzen verursachte, und entdeckte eine Anzahl voluminöser Hämorrhoiden.

Acht Tage später, die Schmerzen waren inzwischen unerträglich geworden, stimmte ich einem Krankenhausaufenthalt und einem Eingriff in Form einer intrarektalen Elektrokoagulation zu. Tatsächlich mußte ich dann derer zwei über mich ergehen lassen und jetzt, beim Schreiben dieser Zeilen, warte ich auf die dritte.

Beim ersten Eingriff, der nach einer flüchtigen Begutachtung meiner Läsionen vorgenommen wurde, kam es zu einer Explosion, die dem behandelnden Arzt das Anuskop und die elektrische Nadel aus der Hand schlug. Beim zweiten Mal, als schon einige Stiche ohne Komplikationen ausgeführt waren, schoß plötzlich eine Stichflamme aus dem Rohr des Anuskopes und setzte einen Wattebausch in Brand, den eine zwei Schritte hinter dem Arzt stehende Krankenschwester in der Hand hielt. Gesicht und Bart des armen Mediziners waren mit Kotspritzern gesprenkelt. Ich wurde dieses Vorfalls nur dadurch gewahr, daß der Doktor abrupt von mir abließ. Mein Zustand verschlimmerte sich zusehends. Ich litt an jagendem Puls, und man mußte mir Herz- und Kreislaufmittel spritzen.

Für mich war damit das Maß der Demütigungen voll. Ich entschloß mich, meinem traurigen und übelriechenden Dasein ein Ende zu bereiten. Hinsichtlich der Methode fiel meine Wahl, nachdem ich anfänglich an Veronal gedacht hatte, logischerweise auf einen Suizid mittels körpereigener Gase. Ich besorgte mir also einen Meter Gummischlauch, schnitt ein kleines Loch in das Gewebe meiner Gasmaske, steckte das eine Ende des Schlauches hinein und verklebte das Ganze mit Isolierband. Dann bestrich ich das andere Ende mit Vaseline und führte es mir in den After ein.

Du hast gelebt, Sokolow, sagte ich mir, während ich meine eigenen Gase inhalierte, du hast gelebt, und jetzt ereilt dich dein unsägliches Schicksal. Aber was fürchtest du den Tod – du, der du ein Leben lang nur deine eigenen Gärungs- und Fäulnisprozesse wie ein Seismograph mit prophetischer Hand für alle Zeiten in eine abstrakte Zeichensprache übersetzt hast!

Mein Diener zögerte mein Ende noch einmal hinaus, denn er fand mich reglos und dem Tode nah in meinem Atelier auf dem Fußboden liegend. Fast wäre ich schon erstickt, da sich meine Gasmaske bis zum oberen Rand der kleinen Bullaugen mit Erbrochenem gefüllt hatte. Mein Diener begriff gar nicht, daß ich mich mittels eines ausgeklügelten Systems hatte selbst töten wollen, denn während ich ohnmächtig mit dem Tode rang, hatte ich wohl eine brüske Bewegung gemacht, so daß der Gummischlauch aus meinem After gerutscht war.

In der Folgezeit schuf ich eine Serie von Werken mit dem Titel ›Orchideengewächse‹, Früchte einer manisch-depressiven Psychose und einer ganz simplen Technik, jenem Verfahren ähnlich, mittels dessen viele Frauen das Glänzen ihres Lippenstiftes vermindern: Nach jedem Stuhlgang drückte ich mir einen Bogen Seidenpapier in die Gesäßfalte, genau gesagt, mußte ich den Vorgang fünf- bis sechsmal wiederholen, bis die letzte Spur von Exkrementen beseitigt war und ich einen zufriedenstellenden Abdruck der vielen, strahlenförmig rings um meine Afteröffnung angeordneten Fältchen in den Händen hielt. Diese ›Blüten‹ variierten je nach Öffnung des äußeren und inneren Schließmuskels, dem Druck meiner Finger, der Emission von Gasen (oder nicht) während des Verfahrens und je nach Stärke der Blutung. Sobald das Blut geronnen und die einzelnen Blätter mit einem Passepartout aus knallrotem Samt unter Glas waren und einen Goldrahmen erhalten hatten, ließ ich meinen Graveur rufen und beauftragte ihn damit, nachdem ich ihm eine meiner Meinung nach besonders ausdrucksstarke Kursivschrift empfohlen hatte, kleine Kupferschilder mit den Titeln meiner Werke – Selbstporträt 1, Selbstporträt 2 und so weiter – anzufertigen und sie am unteren Rand der Rahmen zu befestigen. Übrigens nahmen die Kritiker an diesen Titeln mehr Anstoß als an den eigentlichen Werken. ›Jewgenij‹, sagte Stolfzer zu mir am Tag nach der Vernissage und legte Fotokopien von Zeitungsartikeln auf den Tisch, in denen ich verrissen wurde. Ich warf einen Blick darauf: Sokolow der Prächtige, der Hottentotten-Adonis, Scarface, schwachsinnige Anthropometrie, Rückfall in den Dadaismus, Scheißsterne – dies und ähnliches las ich. ›Jewgenij‹, sagte Stolfzer also zu mir, ›ich habe einen offiziellen Auftrag für Sie ergattert. Es handelt sich um eine Deckenmalerei in unserer Moskauer Botschaft. Ich weiß, daß Sie äußerst allergisch auf Reisen reagieren, aber Sie müssen verstehen, daß wir ein Projekt dieser Größenordnung nicht ausschlagen können. Denken Sie nur an die Tretjakow-Galerie!‹ Mit dieser absurden Äußerung ließ er es bewenden.

Sollte ich mich als Gasograph künstlerisch zum Ausdruck bringen? Im Geiste sah ich mich schon hoch oben auf meinem trepidometrischen Sattel balancieren, einen Arm senkrecht in die Höhe gestreckt und das Gesicht beim ersten Furz mit Sepia-Farbe bekleckert. Falls ich jedoch meine derzeitige Technik anwenden sollte: Mittels welcher, an gewisse Darstellungen des Hieronymus Bosch erinnernden akrobatischen Kunststücke sollte ich es dann bewerkstelligen, meinen Hintern an die Zimmerdecke eines Moskauer Gebäudes zu pressen?

Der erlösende Einfall kam mir eines Morgens nach einer jener schlaflosen Nächte, die die Folge einer sich bis zur fieberhaften Nervosität steigernden Angst vor einem erneuten Krankenhausaufenthalt waren. Ich bestrich zweihundertfünfzig Blatt Glanzpapier mit einer Mischung aus Alaun, Aluminium und Tragant-Gummi, numerierte sie sorgfältig auf der Rückseite, fertigte ebenso viele

›Orchideenblüten‹ auf Seidenpapier an und übertrug selbige auf die eigens dafür präparierten Glanzpapierbögen. Nachdem dieser blutige Transfer bewerkstelligt war, brauchte ich nur noch einen meiner Schüler aus der Akademie der Schönen Künste mit diesem Puzzle nach Moskau schicken, und zwar mit dem Auftrag, die Abdrücke vor Ort anzufeuchten, sie in der strikten Reihenfolge der Numerierung an die Zimmerdecke zu pressen und sie nach einigen Sekunden wieder vorsichtig abzulösen.

Einige Zeit später rief mich ein Attaché der Botschaft aus Moskau an. ›By the way, Mister Sokolow, what is the name of your painting?‹ Ich dachte kurz nach und antwortete zwischen zwei Fürzen: ›Decalcomania.‹ Dann legte ich auf. Dieses Wort, kaum daß ich es ausgesprochen hatte, schien irgendeinen bösen Zauber auszulösen, denn nachdem mein Hund Mazeppa sein mit Gasen prall gefülltes Gedärm in einer langanhaltenden, unheilvollen Füsillade gelehrt hatte, legte er sich auf die Seite und gab den Geist auf.

›Abigail!‹ rief ich, während sich meine Augen mit brennenden Tränen füllten. ›Was

würde ich nicht alles anstellen, um dich wiederzubekommen! Gewiß, ich würde mir keine Hirtenflöte hinten reinstecken wie in jenem bemerkenswerten Detail von Hieronymus Bosch's Gemälde ›Der Garten der Lüste‹, das im Prado zu bewundern ist, wohl aber eine Ultraschallpfeife, sofern die deine Taubheit durchdringen und dich zu mir locken könnte wie eine läufige Hün . . .‹
Ultraschallpfeife, sofern die deine Taubheit durchdringen und dich zu mir locken könnte wie eine läufige Hün . . .‹

EPILOG

Die Aufzeichnungen des Jewgenij Sokolow wurden von einem Assistenzarzt zwei Tage nach dem Tod des Malers unter dessen Krankenhausbett gefunden. Sokolow kam bei einer intrarektalen Elektrokoagulation ums Leben, als die in seinen Därmen gestauten Gase explodierten und dem Kolon, also dem Grimmdarm, einen langen Riß zufügten.

Einige Sachverhalte verdienen in diesem Zusammenhang besonderes Interesse. Da wäre zuerst einmal die Tatsache zu nennen, daß die Explosion nicht gleich nach dem ersten Stich mit der Elektrokoagulations-Nadel, sondern erst nach dem dritten erfolgte, also mit einer gewissen Verzögerung, in deren Verlauf sich im Dickdarm ein Gas-Luftgemisch bilden konnte. Die intra-abdominale Explosion war nicht, wie man hätte vermuten können, von augenblicklich einsetzenden Schmerzen begleitet, vergleichbar etwa denen, die ein Mensch nach einem Messerstich empfindet, sondern sie setzten erst wenig später im Beckenbereich ein und nahmen dann stetig zu. Dabei handelte es sich zu keinem Zeitpunkt um einen Schmerz von gleichmäßiger Stärke, sondern die Zunahme vollzog sich während der auf den Vorfall folgenden Stunden in Schüben, ähnlich wie bei Gebärmutterkoliken. In den ruhigen Phasen ertrug der Patient diese Schmerzen so gut, daß er sich rasch erholte und es der gesamten Autorität seines Arztes bedurfte, um ihn dazu zu bewegen, sich per Ambulanz zu seiner Wohnung befördern zu lassen. Der Zustand des Kranken erlaubte eine Kontrolluntersuchung mittels Anuskop, doch diese ergab keinerlei durch Verbrennungen verursachte Läsionen der Schleimhaut und auch keine Blutungen. Nach der Explosion war der Unterleib nicht mehr gebläht, sondern ganz im Gegenteil während dreieinhalb Stunden flach und schlaff. Der Patient zeigte keinerlei Anzeichen eines Schocks, sein Gesichtsausdruck war normal, er hatte leicht erhöhten Blutdruck, einen kräftigen, ein wenig beschleunigten Puls und eine ruhige Atmung.

Nach Aussage des Dieners habe ihm sein

Herr, der offenbar sein Ende nahen fühlte, eine Mitteilung für den Galeristen Stolfzer diktiert und ihn beauftragt, sie jenem unmittelbar vor der Bestattung auszuhändigen.

Die Symptome verschlimmerten sich rasch und verdichteten sich immer mehr zu einem eindeutigen Befund: Bauchfellentzündung infolge Perforation. Um drei Uhr nachts mußte sich der Patient einem chirurgischen Eingriff unterziehen. Dabei wurde ein sechzehn Zentimeter langer, gezackter Riß im Grimmdarm genäht. Die Bauchhöhle enthielt eine gewisse Menge zu kleinen Klumpen geronnen Blutes, vor allem jedoch bis unterhalb der Leber zahlreiche Spuren von Fäkalien. Insgesamt bestand kaum Hoffnung auf eine Genesung des Patienten, der dann ja auch dreizehn Stunden nach dem Eingriff bzw. zwanzig Stunden nach dem Vorfall mit allen Anzeichen einer hypertoxischen, sich rasch verschlimmernden Bauchfellentzündung verschied, nachdem es am Vormittag noch einmal zu einer scheinbaren Besserung, am frühen Nachmittag dann jedoch zu einem anhaltenden Erbrechen von Blut gekommen war.

Die amtliche Autopsie bestätigte die bei der Operation festgestellten inneren Verletzungen und erbrachte zugleich den Nachweis, daß die an den tumorartigen Hämorrhoiden vorgenommene therapeutische Koagulation hinsichtlich ihres Ausmaßes als vollkommen normal bezeichnet werden konnte.

Zwei Tage später, einer der Totengräber schickte sich gerade an, die erste Schaufel Erde in die offene Grube zu werfen, und der Galerist Gerhard Stolfzer zündete sich in Befolgung eines Wunsches, den der Verstorbene ihm mittels einer schriftlichen Note übermittelt hatte, eine Zigarre an, erscholl ein dumpfer Knall, und der Sargdeckel sprang auf: Jewgenij Sokolow hatte sich mit einem letzten übelriechenden Seufzer seines Afters, einem allerletzten posthumen Furz der Nachwelt empfohlen.